HISTORIA DE BERLÍN

Giebel, Wieland: Historia de Berlín
6ª edición – Berlín Story Verlag 2019
ISBN 978-3-95723-038-6
Portada: Peter Leibing, Hamburgo
Cubierta y diseño: Norman Bösch
Traducción: José Barreira et al, www.leginda.com
Traducción de actualizaciones: Diana Carrizosa

Printed by **LASER**_LINE_

© Berlin Story Verlag GmbH
Leuschnerdamm 7, 10999 Berlin
Tel.: (030) 20 91 17 80
Fax: (030) 69 20 40 059
e-mail: Service@BerlinStory.de
UStID: DE276017878
AG Berlin (Charlottenburg) HRB 132839B

WWW.BERLINSTORY.DE

ÍNDICE

< *Potsdamer Platz. Esta imagen nos parece nostálgica. En su época, no obstante, la plaza era un lugar bastante ajetreado. En la hilera de árboles se reconoce la posición actual de la antigua calle Alte Potsdamer Straße.*

Claudia Melisch, directora de excavaciones, muestra a los empleados de Berlin Story y de Historiale el más antiguo cementerio de Berlín. La historia se hace viva. La antigua iglesia Petrikirche está montada en la imagen.

SIN PAUSAR PARA RESPIRAR: HACIENDO HISTORIA

Sin pausa para respirar. Haciendo historia. Apenas hemos tenido tiempo para darnos un respiro, aunque realmente tampoco lo hemos tenido antes. Lo que no admite discusión es que en Berlín se hace historia. Cabe recordar que aquí se concibió el siglo XX con su Primera Guerra Mundial, la época del nacionalsocialismo, la Segunda Guerra Mundial, la Guerra Fría, la construcción del Muro y, finalmente, su caída. Con los acontecimientos del 9 de noviembre de 1989 alcanzamos a salir de todo aquello, y ahora nos sentimos de nuevo parte integrante de los pueblos civilizados.

"Sin pausa para respirar: haciendo historia", como dice el himno de los okupas de los años ochenta. Se hace y ocasionalmente también se deshace la historia con excesiva prontitud, como es el caso del Muro. Los turistas preguntan por el muro gris, pero ya no es posible hacerse una idea de él, puesto que apenas contamos con restos de la construcción original. Queda más por contemplar de la época imperial, de los grandes edificios representativos (en los próximos años se reconstruirá el Palacio Real, el *Stadtschloss*). Como quiera que sea, la caída del Muro ha tenido también sus repercusiones en nuestro conocimiento de la historia más temprana, la época en que se fundó Berlín. Puesto que en la actualidad hay tantas obras, pueden excavarse los cimientos de la ciudad. Son los arqueólogos quienes se ponen manos a la obra en primer lugar, luego les siguen los constructores. A veces se dan situaciones de tensión, ya que los primeros hacen sus excavaciones a conciencia mientras que los otros desean construir sin grandes pérdidas de tiempo. En cualquier caso, con el paso del tiempo se llega al entendimiento mutuo. Concebir el futuro partiendo de cimientos históricos es algo muy diferente a construir un concesionario automovilístico o una tienda de muebles en los suburbios de la ciudad.

DESDE LA CAÍDA DEL MURO SE EXCAVA EL PASADO EN MITTE

La parte del centro de Berlín, llamada Mitte, se ha remodelado a fondo desde el año 1989. El distrito quedaba en la zona oriental, que desde el oeste se podía observar más allá del Muro que circundaba Berlín Occidental. En Mitte se encontraban justamente los edificios estatales más representativos, los grandes museos, teatros y, actualmente, la sede del Gobierno, así como, en el edificio del Reichstag, el Parlamento. Precisamente aquí fue donde nació Berlín.

Aún hoy es posible localizar ambos lugares fundacionales. El barrio Nikolai-

La iglesia Petrikirche en su forma original. Predicaba aquí el párroco Symeon, quien firmó el primer documento en el cual se menciona la ciudad. En el mercado de atrás se comerciaba con perros callejeros.

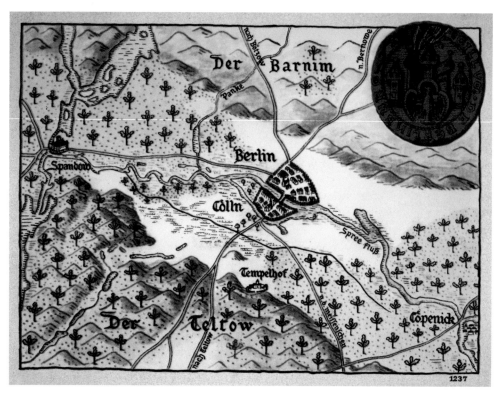

Berlin y Cölln en el año de su primera mención, 1237. El Spree fluye lentamente desde Cöpenick, en el sureste, a través de Berlín hasta Spandau, en el oeste. Desde hace 10 000 años, el valle poco poblado se encuentra libre de hielo.

viertel fue el Berlín original. La actual Fischerinsel ("Isla de los Pescadores") era el antiguo Cölln, la otra parte de la ciudad bipartita. En la actualidad se encuentran aquí los edificios altos de la época de la República Democrática Alemana (RDA). El norte de la isla, entre ambos brazos del río Spree, es conocido hoy como Museumsinsel (Isla de los Museos).

BERLÍN ES UNA CIUDAD BASTANTE JOVEN COMPARADA CON OTRAS URBES

Las excavaciones actuales más destacadas se realizan en el centro palpitante del histórico Cölln. En torno a la desaparecida Iglesia de San Pedro, los arqueólogos investigan un cementerio que, en realidad, consta de varios cementerios sobrepuestos unos a otros. La directora de las excavaciones, Claudia Melisch, dejó al descubierto tanto los cimientos de la iglesia como una escuela de latín. Los berlineses acudieron en masa a las excavaciones para echar un vistazo a los primeros tiempos de la ciudad.

Los visitantes procedentes de Atenas, Roma, Estambul o Colonia constatan que Berlín, en realidad, no es antiguo. Se trata efectivamente de una ciudad tardía, diríase regazada. Mientras que otras localidades contaban ya con ingeniosos sistemas de desagüe, constituciones democráticas, anfiteatros y elegantes baños, Berlín ni siquiera existía. Aquí no había más que ciénagas y lobos, zorros, osos, jaba-

"Bärlin" procede de "Bär" (oso). En 1338, la leyenda del sello del oso es la siguiente: "S(igillum) secretum civitatis Berlin". Los osos habitan los bosques. La raíz "berl", no obstante, puede provenir también de la palabra "ciénaga" en el antiguo idioma polabo o eslavo.

En 1690, el Palacio tiene casi el aspecto de una fortaleza. Bajo las arcadas se encuentran unas pequeñas tiendas. Fue en 1701 cuando se erigió el palacio representativo, que ha de ser reconstruido precisamente ahora.

líes y un vado del río Spree. Este inhóspito lugar alejado de la historia del mundo no atraía a nadie. Cabría preguntarse con qué hubiera podido ejercer atracción, ya que aquí simplemente no pasaba nada. El hecho de que hoy se celebren festivales, fiestas, ferias y grandes exposiciones, y de que actualmente concibamos a Berlín como sinónimo de cultura, no es algo que auguraran los albores de la ciudad.

LA MÁS NORTEAMERICANA DE TODAS LAS CIUDADES EUROPEAS

No fueron precisamente las personas afortunadas y exitosas quienes acudieron a Berlín, ni los primogénitos, pues estos preferían permanecer en casa, en su propia hacienda o su propia empresa. A Berlín llegaban más bien quienes no tenían nada que heredar, sin hacienda y sin empresa, sin bienes ni haberes. Esto es lo que comparte Berlín con Norteamérica y Australia. Cuando se estaba demasiado estrecho en casa, quien padecía hambre o minoría de edad política, social o religiosa, abandonaba la tierra natal. Por estos y otros motivos se comprende que se defina a Berlín como la más norteamericana de todas las ciudades europeas. Arremangarse y ponerse manos a la obra, crear algo, construir algo. El amor a la libertad, el dinamismo, la pasión... Cualidades con las que aquí cada uno tiene su oportunidad.

Escudo de los Hohenzollern, dinastía que rigió Berlín durante 500 años. Al principio los ciudadanos, enfurecidos, anegaron la obra. Sin embargo, terminan sintiéndose orgullosos de su Emperador Guillermo II.

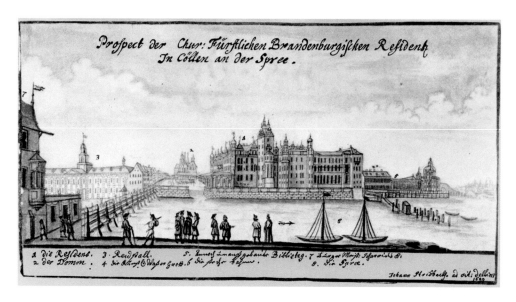

El Palacio visto desde el río Spree en torno a 1690. Se vino abajo durante la Guerra de los Treinta Años, de 1618 a 1648 (en 1648, Berlín contaba tan sólo con 6000 habitantes). Ahora vuelve a levantarse.

De 1237 a 1871 |
EL LARGO CAMINO HACIA LA CAPITAL

En un vado del río Spree, en la ruta comercial de occidente a oriente, se asentaron en algún momento algunas personas.

Poco a poco surgió un pueblo, una pequeña ciudad, nada especial: un mercado, una iglesia, una escuela. Claudia Melisch encontró una viga de roble, el árbol fue talado en el año 1192. Éste, pues, es un claro indicio de la juventud o senectud de Berlín. El nacimiento oficial de la ciudad es el 28 de octubre de 1237: este día se mencionaba por primera vez el nombre de Cölln en un documento.

Dos siglos después, el Príncipe Elector Federico Eisenzahn reclamó la parte central de la isla del Spree para levantar una residencia semejante a un castillo. Berlín contaba con 8000 habitantes que se sentían personas libres y no querían verse sometidas. Se defendieron, entonces, durante ocho años, anegaron las construcciones y expulsaron a los recaudadores de impuestos. Sin embargo, Eisenzahn era más fuerte y obtuvo su residencia. Berlín abandonó la Hansa, la confederación de ciudades libres.

Federico I, el rey barroco y derrochador, monarca del absolutismo, con las insignias del poder. Hizo construir el gigantesco palacio que se está reconstruyendo en nuestros días.

Coronación real en Königsberg, 1701. La mano celestial pone la corona al águila prusiana; Federico I se consi-dera Rey por la gracia de Dios. En realidad se coronó él mismo Rey en Prusia.

Otros dos siglos después, durante la Guerra de los Treinta Años, le cayó encima un ejército sueco de 12 000 soldados que saquearon, incendiaron y asesinaron la población. La disentería y la peste sembraron la muerte en todos lados. En 1648, al final de la guerra, Berlín seguía contando con 6000 habitantes. No obstante, a partir de entonces empezó a irle bien.

BIENESTAR GRACIAS A LOS HUGONOTES PROCEDENTES DE FRANCIA Y A LOS IMPUESTOS DE LA CERVEZA

Tras la Guerra de los Treinta Años, el Gran Elector puso impuestos al tabaco, al café, al té y, sobre todo, a la cerveza. A fin de poder cobrar aranceles hizo construir un muro en torno a Berlín. Trajo a 17 000 hugonotes que habían salido de Francia huyendo de la persecución religiosa, hizo plantar los tilos y dejó a su hijo Federico

un país próspero, si bien no homogéneo, sino muy fragmentado. Federico reconoció los signos de la época, es decir, el he-

Sophie Charlotte de Hannover es la segunda de las tres mujeres de Federico. Trae al pequeño Berlín literatura, música, artes plásticas y también al filósofo Gottfried Wilhelm Leibniz.

„Wenn man in der Welt was will dirigieren, es gewiß die Feder nicht macht, wenn es nicht mit completter Armee soutiniert (unterstützt) wird."

Friedrich Wilhelm I.

"Lange Kerls", soldados altos. Federico Guillermo I los acepta gustosamente como regalo de cortes que son amigas o que quieren serlo. Al Zar Pedro I se le otorga la legendaria Cámara de Ámbar, y Federico Guillermo obtiene a cambio cincuenta y cinco gigantes rusos.

su tertulia de tabaco, en la que se fumaba y bebía abundantemente, tenía ante todo un pasatiempo: los "Lange Kerls", unos soldados especialmente altos, que hacía que se los regalasen otros soberanos amigos. Gracias a su altura, estos jóvenes podían cargar los fusiles de avancarga más rápidamente. Además, eran capaces de marchar al compás y se ejercitaban diariamente. Al final del reinado del "hombre de acción", las arcas estatales se encontraban repletas. Berlín contaba con unos 100 000 habitantes y uno de cada cuatro era soldado.

cho de que con un reino gozaría de mayor peso que siendo un "simple" príncipe elector. Por ello optó por coronarse a sí mismo en Königsberg, en el año de 1701. Los súbditos se alegraron, pues el brillo del nuevo reino les daba lustre también a ellos. Berlín contaba con 60 000 habitantes y se encontraba en bancarrota, pues Federico I se gastaba el dinero para fines de representación y en la construcción del nuevo palacio.

EL "HOMBRE DE ACCIÓN" CON SU DEBILIDAD POR LOS "JÓVENES ALTOS"

Su hijo Federico Guillermo I, el "Rey soldado", era ahorrador y colérico y, además de

FEDERICO EL GRANDE, FILÓSOFO, COMPOSITOR Y SEÑOR DE LA GUERRA

El hijo mayor de Federico Guillermo I sufrió bajo la severidad castrense del padre. Al contrario que el "Rey soldado", Federico tenía una fuerte inclinación por la vida refinada. Aprendió francés en secreto, leía a escondidas y, el ser descubierto, hubo de ver cómo su padre ordenó que se tirasen

Federico Guillermo I con amigos en el "Colegio del Tabaco". Se trataban asuntos políticos; también se invitaba a militares y diplomáticos de otros países.

En 27 años de regencia, Federico Guillermo I logra sanear las arcas públicas, excesivamente endeudadas por su padre, y las deja repletas a su hijo.

Federico el Grande tocando la flauta traversa en un concierto. Componía y llevaba consigo a sus músicos a los campos de batalla. Tocar la flauta era para él una especie de terapia. Siendo rey, hizo construir la Ópera Unter den Linden.

los libros. Federico intentó huir con su amigo Katte, pero fue detenido. Por orden del padre, Katte fue decapitado en presencia de Federico.

Al iniciar su gobierno, en 1740, abolió la tortura y la censura y se mostró partidario de la libertad de prensa. También mandó construir, en primer lugar, la Ópera, y luego, la Hedwigskathedrale ("Catedral de Santa Eduvigis") para los católicos silesios, así como las demás edificaciones del paseo Unter den Linden, que aún hoy hace honor a su nombre ("Bajo los tilos"). Confirió a la urbe un lustre internacional. Federico agrupaba en torno suyo a diversos intelectuales europeos. Tenía, por ejemplo, una estrecha amistad con el filósofo francés Voltaire.

CADA UNO DEBE SER FELIZ A SU MANERA

No obstante, su padre se había equivocó plenamente al juzgarlo: Federico actuó en más guerras y, de quince grandes batallas, salió vencedor doce veces, convirtiendo a la insignificante Prusia en una reconocida potencia europea.

Voltaire (a la izquierda), el filósofo francés y precursor intelectual de la Revolución Francesa, es un íntimo amigo del Rey Federico II de Prusia durante muchos años. Aquí en el palacio de Sanssouci, en Potsdam.

Napoleón conquistó Berlín el 27 de octubre de 1806 y robó la cuadriga de la Puerta de Brandeburgo. Durante los dos años de ocupación, Berlín estuvo desangrándose. La Reina Luisa huyó a Tilsit, Prusia casi sucumbe.

Federico deseaba unos súbditos ilustrados, autónomos, que pensaran por sí mismos, que no tuviesen que profesar su mismo credo. Además de sus edificaciones, se han conservado sus composiciones musicales, que pueden oírse en grabaciones de excelente calidad.

Federico no tuvo descendientes. Fue un sobrino quien lo sucedió en el trono.

Federico Guillermo II tuvo, por el contrario, un gran número de hijos con su esposa y sus mancebas. "Hablaba" en veladas espiritistas con sus antepasados, promovió el arte e hizo construir la Puerta de Brandeburgo (1791). Su hijo mayor, Federico Guillermo III, era más bien tímido y burgués, aunque esto no le impidió casarse con la mujer más bella de su tiem-

Alexanderplatz, la plaza así nombrada en 1805 en honor al Zar Alejandro I con motivo de su visita a Berlín. La Reina Luisa (a la derecha), entusiasmada con Alejandro, luchó contra Napoleón y la ocupación de Prusia.

Alejandro de Humboldt explora Sudamérica y analiza durante años los resultados. Su obra capital lleva el título de "Kosmos". Su hermano Guillermo funda la actual Universidad Humboldt.

po, Luisa, princesa de Mecklemburgo-Strelitz.

LOS SOLDADOS DE NAPOLEÓN CONQUISTAN BERLÍN

Poco después, Napoleón derrotó al ejército prusiano, conquistó casi toda Europa y también ocupó Berlín en 1806. El autoproclamado emperador de los franceses saqueó la ciudad. La Reina Luisa se enfrentó a él, solicitó ayuda al Zar Alejandro de Rusia, con quien se entendía bien, y apoyó durante la ocupación a los reformadores prusianos y al ejército, sin olvidar el sistema de enseñanza. Puede afirmarse que modernizó el estado en su integridad.

Cuando Napoleón fue derrotado por las potencias europeas aliadas en la Batalla de las Naciones de Leipzig, en 1813, se desarrollaron tanto la economía como la ciencia gracias a la nueva libertad comercial. Guillermo de Humboldt había fundado la universidad en 1810, mientras que su hermano Alejandro exploraba Sudamérica. Surgieron las manufacturas textiles y metalúrgicas. El arquitecto Karl

El cuenco de granito ante el Museo Antiguo (Altes Museum) en el Lustgarten, construido en 1834. El inspector de obras Cantian había descubierto la piedra en las proximidades de Berlín. La obra de arte es pulida con la nueva fuerza de vapor.

Los ciudadanos de Europa y de Berlín desean participar en el poder, exigen la libertad de expresión y la democracia. En marzo de 1848 se llega a la batalla de barricadas bajo los colores negro, rojo y oro en la plaza Alexanderplatz.

Friedrich Schinkel confirió a Berlín su imagen clasicista con la plaza Gendarmenmarkt, la Guardia Real (Neue Wache),

el Museo Antiguo (Altes Museum), la iglesia Friedrichswerdersche Kirche y la Academia de Arquitectura (Bauakademie), desde la cual, con tan sólo treinta empleados, se controlaron todas las obras de Prusia. Berlín contaba en 1830 con más de 248 000 habitantes.

Una nueva conciencia adquirida gracias al poder económico empezaba a enfrentarse con el acervo de las estrechas reglas que, implantadas en todos los dominios de la vida, impedían el progreso. La verdadera trascendencia de la pujante burguesía carecía de parangón político.

LA REVOLUCIÓN DE MARZO POR LA LIBERTAD DE EXPRESIÓN Y LA DEMOCRACIA EN TODA EUROPA

En toda Europa, en Italia, Austria, España y, posteriormente, en París, hubo enfrentamientos en 1848 y 1849. Inicialmente parecía que, en Berlín, el vacilante rey

Federico Guillermo IV. El monarca no comprende a los ciudadanos, pues es Rey por la gracia de Dios... Hubiera preferido ser artista, arquitecto, urbanista.

Los féretros de 183 caídos con motivo de la Revolución de Marzo, de cuerpo presente en el Gendarmenmarkt. Nuestra actual democracia no llegó por sí misma, sino que hubo de conquistarse en la lucha. Muchos sacrificaron su vida por esta causa.

cedería rápidamente. Se trataba de Federico Guillermo IV, que hubiera preferido dedicarse a la arquitectura, pues de hecho podía pasarse el día entero dibujando casas y parques. Con el levantamiento se sintió desbordado. Varias veces corría de noche hacia el carruaje con la intención de huir y volvía otras tantas. Durante una manifestación ante el palacio, dos personas resultaron muertas por heridas de bala. Miles de personas alzaron barricadas, exigieron la supresión de la censura de prensa y la instauración de una asamblea nacional, un parlamento alemán. Alemania aún no existía como esta-

do. Cientos de personas murieron durante la Revolución, se velaron 183 féretros en la plaza Gendarmenmarkt, el Rey se inclinó ante los muertos. Fue entonces cuando permitió una asamblea nacional prusiana, si bien después la disolvería. Los levantamientos fueron sofocados en toda Europa. Sus ideas y metas, no obstante, lograron imponerse después.

La vida burguesa en Unter den Linden en torno a 1842. A la derecha se encuentra la Ópera y en el centro, la Guardia Real (Neue Wache) flanqueada por las estatuas de los generales Bülow y Scharnhorst (a la derecha).

La fábrica de máquinas y fundición de hierro de Borsig, situada en la Chausseestraße. Se construyen 187 locomotoras entre 1841 y 1847 creándose bienes industriales. A la derecha, los caballos tiran de la locomotora.

INDUSTRIALIZACIÓN Y REACCIÓN

La industrialización, por una parte, y el poder de la restauración, por la otra, trajeron consigo crecientes tensiones. El gremio de artesanos, por ejemplo, fue suprimido, ya que en él se suponía una organización encubridora de demócratas. El crecimiento de Berlín, sin embargo, se sostuvo sin cambios: cada vez más personas acudían a la urbe. En los veintitrés años transcurridos desde la Revolución de Marzo de 1848 hasta la fundación del Imperio en 1871 se duplicó la población, llegando a la cifra de 826 000 habitantes.

Se encargó la planificación de una infraestructura adecuada a James Hobrecht, quien precisamente se había formado en la Academia de Arquitectura de Schinkel. Berlín fue dotada de un sistema de desagüe moderno. Surgió una red de carreteras y se construyeron edificios de alquiler con

El primer buque de vapor prusiano, de 1817, cuenta con 14 caballos de vapor. La nave se encuentra aquí en el río Spree junto a las tiendas (Haus der Kulturen der Welt). Atrás se encuentra el Palacio de Bellevue, actual residencia del Presidente Federal.

El Emperador Guillermo I se marcha en 1870 a la guerra franco-alemana. Está a la izquierda, sentado en el carruaje, pero apenas se le ve, pues el pintor Adolph Menzel prefirió mostrar a los berlineses interesados en el espectáculo.

una parte anterior, dos alas laterales y una parte posterior para que así la unidad de bomberos, recién creada, pudiera acceder al amplio patio interior. Los edificios de alquiler socialmente mixtos, con caras viviendas delante y baratas detrás, tenían el cometido de evitar los barrios marginales que se conocían de Londres.

Con la escolarización y la universidad las cosas no parecían ir tan bien. No obstante, se construyeron mercados cubiertos según el diseño del arquitecto Federico Hitzig, y el magnate del ferrocarril Bethel Henry Strousberg recaudó una importante suma y creó un imperio ferroviario.

Como siempre, en Berlín se celebraban buenas fiestas. Los teatros, que vivían una época de esplendor, ofrecían servicios gastronómicos. En el teatro de Julia Gräbert, situado en la calle Weinbergsweg del distrito Mitte, se vendían diariamente 2000 bocadillos de jamón junto con la cerveza de trigo.

Unter den Linden en torno a 1850. Unos caballeros ante un escaparate de la librería E.H. Schröder (enfrente del actual Berlin Story). Clientes con frac y sombrero de copa sentados ante el Café Kranzler (izquierda).

Proclamación del Imperio Alemán de 1871 en Versalles. Esta vez venció Alemania. Guillermo I no se siente nada feliz con sus nuevas funciones, pero Bismarck (vestido de blanco) insiste en ello.

De 1871 a 1918 | BERLÍN IMPERIAL: CAPITAL DEL REICH ALEMÁN

En 1806, Napoleón ocupó Berlín y exigió contribuciones que apenas podían cumplirse. 64 años después, Francia se dejó provocar a la guerra. Tras la batalla ya perdida en Sedán, Francia no pudo hacer la paz de manera honrosa, sino que siguió combatiendo. Las reparaciones a pagar tras la desoladora derrota fueron exorbitantes, lo cual permitió que floreciese rápidamente la economía alemana. Sin embargo, las humillaciones mutuas tuvieron sus consecuencias: tras la Primera Guerra Mundial, los franceses tomaron la revancha y desangraron a Alemania con el Tratado de Versalles, que no llevó sino al éxito del nacionalsocialismo. Actualmente la amistad entre Francia y Alemania se tiene en gran estima en la Unión

Las tropas vencedoras regresan a casa en 1871, pasando por la Puerta de Brandeburgo, festivamente decorada. Francia inicia la guerra, rechaza una ventajosa oferta de paz tras la batalla de Sedán y lo paga caro.

Unter den Linden en torno a 1880. Los pagos de reparaciones de Francia favorecen el progreso de Alemania. La técnica, la ciencia y la investigación florecen durante la dilatada época de paz. Berlín se siente bien.

Europea, para que semejantes episodios no vuelvan a suceder.

Bismarck fue el fundador del Imperio Alemán, no Guillermo I, quien hubiera preferido permanecer como rey de Prusia antes que convertirse en emperador de Alemania. Intuyó y pudo ver confirmado que Prusia se diluiría en Alemania, perdiendo paulatinamente su hegemonía. Berlín, por el contrario, se benefició de su nueva función de capital del Imperio: se convirtió en la mayor ciudad entre París y Moscú, en una poderosa metrópolis económica que atraía a una multitud de personas, entre las que se contaban especialmente científicos, técnicos y artistas. Tan-

to en Berlín como en el resto de Alemania comenzó un dilatado periodo de paz y bienestar.

OTTO VON BISMARCK

Los socialdemócratas odiaban a Bismarck y él los odiaba a ellos. Querían

Otto Lilienthal en su vuelo de planeo en Berlín-Lichterfelde, 1895. A los 33 años de edad funda una fábrica de máquinas, observa durante años el vuelo de planeo de las aves y construye después sus "alas".

En 1878, el Canciller del Reich, Bismarck, invita a las potencias europeas al Congreso de Berlín a fin de repartir los Balcanes y el Mediterráneo. Diplomáticos procedentes de diez estados estuvieron pactando en Berlín durante todo un mes.

algo diferente. Los socialdemócratas de finales del siglo XIX eran decididamente de izquierda; se recrudecía el antagonismo de las clases. La figura de Bismarck se encontró en el centro del Imperio durante casi veinte años: él mismo creó el Imperio (Reich), convirtió a Berlín en metrópolis política y nada se le sustrajo hasta que fuera depuesto en 1890 por el nuevo emperador, Guillermo II, el joven monarca nieto de Guillermo I. Entremedias, en el año de 1888 llamado "de los tres emperadores", rigió también Federico I, durante 99 días, hasta morir de un cáncer de laringe.

Bismarck se calmó después de casarse, a la edad de 32 años. En su etapa anterior se había dedicado más bien a la bebida, a los lances amoro-

Potsdamer Platz en 1882, iluminado por primera vez con luz eléctrica. Siemens desarrolló esta tecnología. Pasada la media noche se volvía a las luces de gas, que eran más económicas. En 1881 se instalan los primeros teléfonos en Berlín.

Inauguración del Reichstag (Parlamento) en el Palacio de Berlín. El Emperador Guillermo II sube al poder y despide a Bismarck (vestido de blanco) en 1890. Guillermo II (29 años) no desea a su lado a ningún viejo Presidente del Reich (73 años).

sos, a derrochar dinero. También a aburrirse como pasante de abogado, por lo que interrumpió su formación y se dedicó a viajar por Europa. En el camino que le llevó a la política se familiarizó con todas las facetas humanas. En 1849 fue elegido en el parlamento de Prusia, pues se hizo notar gracias a su talento oratorio y, con motivo de una situación de crisis, fue nombrado presidente del gobierno prusiano por Guillermo I. La inquebrantable fidelidad de Otto von Bismarck se mantuvo hasta la muerte del anciano emperador, acontecida en 1888.

Los enemigos capitales de Bismarck en el interior fueron los socialdemócratas.

Niños junto a la bomba de agua de la calle, 1898, cuando Berlín es la ciudad más limpia del mundo: en los años setenta de siglo XIX, el médico de la Charité Rudolf Virchow y el consejero de urbanismo James Hobrecht introdujeron la red de aguas residuales.

Los apuestos barrenderos haciendo una pausa en el Lustgarten. Berlín crece vertiginosamente, multiplicándose por cuatro en cincuenta años: de 493 000 habitantes en 1860 a 2 millones en 1908.

A fin de mantener a raya al SPD (Partido Socialdemócrata Alemán), el Canciller introdujo el seguro social y de salud. De esta manera, con su deseo de establecer un vínculo entre los trabajadores y el estado, estableció las bases del estado social.

EL EMPERADOR GUILLERMO II SE SEPARA DE OTTO VON BISMARCK

El Emperador Guillermo II, nieto de Guillermo I, luchó durante toda su vida contra la parálisis de un brazo, un defecto congénito. Su madre Vicky, de procedencia inglesa, hija de la Reina Victoria, deseaba convertirlo en imagen de su padre. Guillermo, sin embargo, no era nada parecido a un cultivado intelectual, sino de inclinaciones más bien prácticas. Se interesaba por la técnica, le gustaba conducir un Mercedes. Se convirtió, además, en la primera estrella

Daimler transporta a Berlín. Construidos en Berlin-Marienfelde, los primeros autobuses atraen en 1905 a las masas populares. Transitan por la Friedrichstraße y tienen calefacción. Se contaba con autobuses tirados por caballos desde 1846.

1914. Cada día de Año Nuevo, el Emperador Guillermo II avanza con sus seis hijos y los generales (atrás) desde el Palacio a la Guardia Real (Neue Wache). Es la mayor estrella mediática de su tiempo.

mediática de Alemania. Desde entonces, la expresión "tiempo imperial" designa el tiempo bueno y soleado, pues sólo en los días de buen tiempo podía filmarse con las primeras cámaras y sólo entonces actuaba el Emperador.

La función que Guillermo II desempeñara en la irrupción de la Primera Guerra Mundial no ha dejado de debatirse entre los historiadores. En muchos estados europeos la tendencia general en 1914 era de carácter militarista. La milicia alimentaba la confianza en que se podría marchar a la guerra con la seguridad de triunfar. Nadie podía imaginarse que llegaría a haber tantos muertos en las devastadoras batallas de desgaste. En el transcurso de la Primera Guerra Mundial, Guillermo II perdió peso político y justo antes del armisticio abdicaron tanto él como su hijo, el príncipe heredero. El otrora Em-

perador pasó el resto de su vida relativamente retirado en el exilio holandés. De este modo terminaron los 500 años de poder de la dinastía de los Hohenzollern.

"Oficina de telefonistas, ¿qué desea?". La central telefónica III en torno a 1890. Situada en Oranienburger Straße 70, con 28 tableros de conexiones para 4411 (de 10 000) usuarios. El hecho de que también trabajen aquí las mujeres es una novedad.

Durante el Levantamiento Espartaquista de 1919, los tiradores de ametralladora toman sus posiciones en la Puerta de Brandeburgo. Tras la derrota de Alemania se da la sublevación del Partido Comunista Alemán (KPD), que propugna una república senatorial.

De 1918 a 1933 | CAMPO DE BATALLA Y SENTINA DE VICIOS: CAPITAL DE LA REPÚBLICA DE WEIMAR

Pasados los "dorados años veinte", las cosas no parecían tomar un buen rumbo, tampoco un cariz democrático. ¿Cómo podrían convertirse súbitamente en demócratas aquellas personas que habían vivido durante quinientos años bajo unas estructuras autoritarias? Los alemanes, en todo caso la mayor parte de ellos, marcharon a la guerra mundial llenos de confianza. A casa regresaron, en cambio, notificaciones de muerte en la mayoría de los casos y, a veces, también ataúdes. Por causa del bloqueo marítimo británico, millones de alemanes, también los de Berlín, padecían hambre. En 1917 se declararon en huelga 300 000 trabajadores berlineses, y medio millón de alemanes del sector armamentístico abandonó el trabajo

Niños jugando en 1919 en unas trincheras en la Samariterstraße, en el barrio de Friedrichshain. El Emperador Guillermo II se exilió en Holanda. Había combates muy fuertes sobre todo en Berlín, pero también en Bremen y Múnich.

Leche fresca para Berlín. Cada mañana se desplazan por la ciudad los vehículos de transporte de leche de la empresa Bolle. El suministro de la población queda asegurado. Los "chicos de Bolle" gozan de una alta estima.

a principios de 1918. Sus miradas se dirigían hacia Rusia, pues fue allí donde había triunfado la revolución de 1917, que prometía un futuro más justo y feliz.

La guerra desembocó en la revolución. Cuando la derrota era evidente, los marineros alemanes no quisieron enrolarse con destino a la última batalla contra Inglaterra. En el transcurso de pocos días, la revolución llegó hasta Berlín. El político de la SPD Philipp Scheidemann, así como el miembro de la Liga Espartaquista Karl Liebknecht, proclamaron el mismo día la República: el uno, la República Demo-

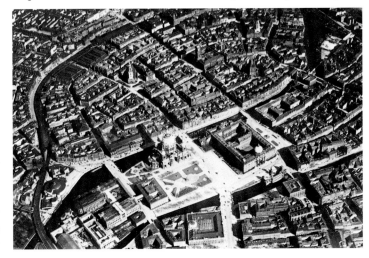

crática; el otro, la República Socialista. En enero de 1919, los socialistas Liebknecht y Rosa Luxemburg fueron asesinados por los soldados de un cuerpo paramilitar que había sofocado el levantamiento.

La suma exigida inicialmente por parte de los vencedores por concepto de repara-

De 1920 procede esta toma aérea de Berlín. En el centro de la imagen, abajo, se encuentra el Arsenal (actual Museo Histórico Alemán); arriba, el Lustgarten; a la derecha, el Palacio Real y, a la izquierda, la Isla de los Museos.

1926. Berlín se acelera. La sociedad se polariza: hay pobres y ricos, personas que participan y personas marginadas. La democracia es una novedad y aún no marcha bien.

ciones de guerra ascendía a 269 miles de millones de marcos de oro, pagaderos en plazos hasta el año 1962. Tuvo lugar entonces la huida de capitales, la moneda cayó y la Cuenca del Ruhr fue ocupada por tropas francesas ya que no cumplió puntualmente con los pagos. La hiperinflación dio al traste con las existencias. En el otoño de 1923, un pan costaba en Berlín miles de millones. Las consecuencias fueron el miedo al desempleo y la falta de sustento, la criminalidad y la supresión de los servicios sociales.

El mercado de valores de renta y una nueva moneda con cobertura acabaron de un golpe con la inflación el 15 de noviembre de 1923. Los comercios se llenaron y el auge llegó hasta el llamado "viernes negro", en el que tuvo lugar la quiebra de la bolsa de Nueva York (24 de octubre de 1929). Precisamente estos seis años se conocen como "Roaring Twenties", los "dorados años veinte".

Nunca antes en la época imperial se protestó tanto en manifestaciones como en el Berlín de los años veinte. El avance de la situación económica sólo fue transitorio. Su evolución siguió dependiendo de la economía mundial.

Ladrón por necesidad. Si bien no falta quien robe manzanas sin necesidad. No se sabe con seguridad. Los tiempos de la gran hambre irrumpen después, con el colapso de la economía mundial.

Fue apenas en el año de 1920 cuando surgió el Berlín que conocemos hoy en día. Siete ciudades (Charlottenburg, Schöneberg, Wilmersdorf, Neukölln, Spandau, Köpenick y Lichtenberg) y numerosos municipios fueron incorporados, con lo cual la zona metropolitana se hizo trece veces mayor: ahora Gran Berlín contaba con 3,8 millones de habitantes y era la primera ciudad industrial del continente. Los centros distritales de aquel entonces, los barrios y subculturas permanecieron, y no pocos perviven hasta nuestros días. A diferencia de Roma, París, Barcelona, Praga o Londres, la capital alemana, con sus

Gira publicitaria del St. Bernhardiner-Club de Berlín en 1928. La meta del Club es "la conservación y el afianzamiento de esta raza en su pureza, su naturaleza, su constitución y su aspecto de formas perfectas".

Josephine Baker actúa por primera vez en Berlín en 1926, volviendo locos a los hombres y también a algunas mujeres. Tiene prohibido presentarse en Viena, Praga, Budapest y Múnich.

20 distritos, se constituyó de manera descentralizada. La urbe llegó a ser ejemplar en todo el mundo por su transporte público. En 1928 se fundó la BVG, organización que abarca un sinnúmero de líneas de autobús, tranvía, trenes elevados y metro. El consejero municipal de transporte, el socialdemócrata Ernst Reuter, fue la fuerza motriz de estos hechos.

COCAÍNA, FIESTAS Y DESENFRENO: LOS DORADOS AÑOS VEINTE

La Revolución Rusa no solamente trajo esperanzas a los trabajadores, sino que también supuso el éxodo de la elite aristocrática, burguesa e intelectual, así como de la del mundo del arte de Rusia. 100 000 rusos vivían en Berlín en la década de los veinte, incluso más en realidad, ya que Berlín también era una especie de estación de paso. Llegaban a la ciudad franceses, húngaros, checos, ingleses, norteamericanos y judíos de Europa Oriental. La producción de películas estaba en su apogeo con "Metrópolis" y "Nosferatu", los cines y salones de baile experimentaban un florecimiento. Lo exótico y erótico, todo tipo de curiosi-

La avenida Kurfürstendamm con sus calles laterales es el centro de la bohemia de los locos años veinte. El Café Größenwahn se convierte en hogar de artistas, literatos y damiselas.

La portada del programa de la revista "¡A todos …! El gran espectáculo en el gran teatro" de 1924. Es hora de festejar.
También en los teatros burgueses marchan bien los programas un tanto picantes.

En la Komische Oper, el género de la revista celebra éxitos con "¡Desnúdate!". La piel desnuda de cualquier sexo y la música swing norteamericana hacen agradable la vida de aquellos que pueden participar.

dades, el arrebato y lo escandaloso conferían su imagen a la ciudad. Los "Comedian Harmonists" celebraban sus éxitos en el Plaza; Otto Reutter y Claire Waldoff, en el Wintergarten. Josephine Baker no solamente se presentaba con el saxofón, sino también sin él y, en realidad, (casi) sin todo lo demás. Era un poco como si los severos padres se hubieran ausentado de la casa y los jóvenes tuvieran plena libertad para sus desmanes.

Berlín se celebraba a sí mismo en cientos de teatros. Todo lo que era moderno e innovador, también en el mundo de la música, venía a esta ciudad. Viena siguió siendo conservadora, mientras que en Berlín se es-trenaban conciertos para piano de Igor Stravinsky en la Filarmónica, se presentaba "Wozzeck" de Alban Berg y también la "La ópera de los tres centa-

En febrero de 1928, el Rey de Afganistán, Amanulá Kan, visita Berlín. A través del Tiergarten y dejando atrás el Reichstag se desplaza aquí la Reina Soraya con el Ministro de Justicia del Reich, Oskar Hergt.

La crisis económica mundial del año 1929 pone fin a los dorados años veinte. La quiebra de las empresas, la devaluación del dinero y el desempleo masivo favorecen el ascenso de los nacionalsocialistas.

vos" (Dreigroschenoper) de Bert Brecht con la música de Kurt Weill. Tan sólo entre 1927 y 1931 se estrenaron 41 óperas contemporáneas, un hecho que entusiasmaba al propio Albert Einstein.

Berlín contaba en 1925 con cuatro millones de habitantes. No a todos les entusiasmaba salir de fiesta. Ya en 1926, Adolf Hitler había nombrado a Joseph Goebbels jefe de circunscripción territorial (Gauleiter) del Partido Nacionalsocialista Obrero Alemán (NSDAP). Todos tenían claro que el destino político de Alemania se decidiría en Berlín. Berlín, junto con la Cuenca del Ruhr, era el baluarte de los comunistas. Goebbels y sus fieles de la SA provocaron violentas peleas en las salas de reuniones de diversos barrios obreros comunistas, como Wedding, Moabit, Neukölln y Friedrichshain. En un primer momento, esta situación no se reflejó en los votos. En las elecciones parlamentarias de 1928, el NSDAP pudo obtener apenas el 2,6 por ciento de los votos; en las elecciones municipales del 17 de noviembre de 1929, los votos no sumaron más que el 5,8 por ciento. El auge de los nacionalsocialistas comenzó tras la

Ya en octubre de 1932, antes de la toma del poder de los nacionalsocialistas, se reúnen en Potsdam unos 80 000 jóvenes y forman largas filas para marchar ante Hitler durante siete horas.

El primero de mayo de 1932, los seguidores del Partido Socialdemócrata Alemán (SPD) se manifestaron contra el Partido Nacionalsocialista Obrero Alemán (NSDAP) en el Lustgarten. La cruz gamada de la bandera se tacha con el símbolo del movimiento anti-nazi Eiserne Front ("Frente de Hierro").

crisis económica mundial. El Partido Socialdemócrata Alemán (SPD), aprisionado entre el Partido Comunista Alemán (KPD) y los nazis, perdió importancia. Los comunistas dirigidos desde Moscú combatieron al SPD, y faltando tan sólo cuatro días para que Hitler llegase al poder, lo seguían insultando en el periódico del partido "Rote Fahne" ("Bandera roja") llamando a sus miembros "socialfascistas". El Partido Comunista Alemán rechazó categóricamente una alianza contra el NSDAP.

La prensa desempeñó un papel fundamental en el paulatino aumento del poder de los nacionalsocialistas. Aún no existía la televisión, y la radio todavía no ejercía un efecto sobre las masas. Las personalidades dominantes en la prensa de Berlín durante la época imperial, como Rudolf Mosse y Leopold Ullstein, confiaron sus propios imperios a los sucesores. Eran de tendencia democrática, al contrario que el editor reaccionario Alfred Hugenberg.

En las elecciones del Parlamento (Reichstag) el 31 de julio de 1932, el NSDAP resulta el partido más fuerte con un 37,3 por ciento de los votos. Los socialdemócratas obtienen el 21,6 por ciento, y los comunistas, el 14,3 por ciento. El Partido Comunista Alemán combate ante todo al partido socialdemócrata.

El Canciller del Reich, Adolf Hitler, celebra con el Presidente del Reich, Paul von Hindenburg, la supuesta continuidad del régimen anterior (imperial) y el nuevo (nacionalsocialista).

De 1933 a 1945 |
CAPITAL DEL TERCER REICH

¿Cómo pudo suceder? A los maestros les gusta hacer esta pregunta. Todo fue muy sencillo. Los nacionalsocialistas no llegaron al poder por un golpe de estado. Entre los contemporáneos había una consciencia del peligro. La prensa, es decir, la esfera pública especulaba sobre otras soluciones para la crisis de gobierno a principios de 1933. El periódico "Frankfurter Zeitung" comentaba en su edición de año nuevo: "El violento ataque nacionalsocialista al estado democrático ha sido repelido". Se subestimó la voluntad de alcanzar el poder de Hitler, quien se encontró el 4 de enero de 1933 con el excanciller del Reich, Papen. Éste, a su vez, había regido durante algunos meses con decretos de urgencia del presidente del

Comienzo de la temporada de baile de 1934. Las chicas se preparan para una divertida noche. La vida no se detiene con Hitler, sino que, para muchos berlineses, parece proseguir con toda normalidad.

Marcha nazi de antorchas con motivo del nombramiento de Hitler como canciller del Reich el 30 de enero de 1933. Esta foto es retocada en junio de 1933, ya que la toma original resulta menos impresionante.

Reich, Paul von Hindenburg, si bien finalmente fracasó. Hindenburg era un anciano y se encontraba en una especie de estado de letargo. El banquero en cuya casa se encontraron Hitler y Papen afirmó en 1947: "Las aspiraciones generales de los hombres influyentes en la economía consistían en que en Alemania subiese al poder un caudillo fuerte que formase un gobierno, y que este gobierno permaneciese largo tiempo en el poder... Un interés común de la economía residía en el temor frente al bolchevismo y en la esperanza de que los nacionalsocialistas, una vez llegados al poder, creasen una base sólida, tanto a nivel político como económico". Papen incitó al anciano presidente del Reich a nombrar canciller del Reich al jefe del NSDAP. Veía en Hitler una simple marioneta: "¡En dos meses habremos acorralado a Hitler en una esquina y no podrá más que chirriar!". Pero Hitler simuló humildad solamente al principio.

Nudismo. Inicialmente prohibido, poco a poco el Tercer Reich le va tomando el gusto. La "Unión para la disciplina corporal" ("Bund für Leibeszucht") se dedica al "fomento racial, sanitario y moral de la fuerza popular".

Incendio del Reichstag en la noche del 28 de febrero de 1933. En la tarde del día posterior se promulga el "Decreto del Presidente del Reich para la protección del pueblo y el estado" ("Decreto del incendio del Reichstag"), que permite la persecución de todos los opositores del nacionalsocialismo. Se suprimen los derechos fundamentales. Hitler obtiene plenos poderes dictatoriales. Hasta nuestros días se discute sobre la autoría del incendio. En su momento se detiene al comunista holandés Marinus van der Lubbe en el Reichstag en llamas y se le condena a muerte.

Una vez obtenido el poder, los nacionalsocialistas aprovecharon todas las posibilidades de ampliar sus competencias de manera que Hitler pudiese ocupar prácticamente una posición de dictador, y no tardaron nada en mostrar adónde habría de conducir su camino.

En la tarde del 27 de febrero de 1933, el Parlamento se encontraba en llamas. Muchos indicios apuntaban a que el incendiario había sido un holandés perturbado que actuó a nombre propio. Los historiadores han escrito numerosos libros sobre el tema. Para los nacionalsocialistas, el incendio vino a pedir

Boicots de los nacionalsocialistas contra los comercios judíos el primero de abril de 1933. La propaganda contra los judíos se propone influir, ante todo, en el extranjero, motivo por el cual los carteles se redactan en inglés.

10 de mayo de 1933. En la plaza Opernplatz (actualmente Bebelplatz, con el monumento conmemorativo visible bajo la superficie), la Unión de Estudiantes Nacionalsocialistas Alemanes quema libros que considera "contra el espíritu alemán".

de boca. Consiguieron que el presidente del Reich firmara el "Decreto para la protección del pueblo y el estado", más conocido como "Decreto del incendio del Parlamento". Papen le dio su respaldó y acabó así con su propia posición en el poder, ya que este decreto "para la defensa contra los actos violentos que amenazan el estado" concedió a Hitler competencias casi ilimitadas. Acto seguido, las bases jurídicas del Estado se adecuaron a su propia persona infringiendo el derecho. A partir de la "Ley habilitante" del 23 de marzo de 1933, el gobierno podía decretar leyes sin aprobación previa del parlamento o del presidente del Reich. Todo esto sucedió en unas pocas semanas. Antes de junio de 1933 ya se habían prohibido todos los partidos a excepción del NSDAP. Las órdenes del Führer gozaban de vigor de ley. De este modo,

Discurso de Hitler en el Lustgarten el primero de mayo de 1935. El texto original describe: "Sujetos de las rejas de hierro de las ventanas del Palacio de Berlín, los chicos de las Juventudes Hitlerianas se sitúan bien arriba para lograr ver al Führer".

18 de febrero de 1943: "¿Queréis la guerra total?". Tras la derrota de Stalingrado, el ministro de propaganda del Reich Joseph Goebbels intenta avivar el propósito inquebrantable de obtener la victoria.

los nazis crearon una base aparentemente legal para su poder.

Tomaron como pretexto el incendio del Parlamento para despejar el camino de adversarios, ante todo, de comunistas e intelectuales opositores de izquierda. De acuerdo con ciertas listas redactadas ya antes de enero de 1933 se deportaba a las personas a los campos de concentración (no de exterminio).

La persecución de los judíos se inició inmediatamente. La SA atacó a judíos propietarios de comercios, desvalijó tiendas, destruyó clínicas y despachos de médicos y abogados judíos. Los judíos provenientes de Europa del Este fueron vejados y atormentados en los suburbios. Se atacaron comercios y hoteles "judíos", se presionó a huéspedes y clientes. El primero de abril de 1933 había nazis llamando al boicot ante todos los negocios de propietarios judíos en toda Alemania. KaDeWe, Hertie, Woolworth se contaban entre estos comercios.

Claus Schenk, Conde de Stauffenberg, sabe que muchos alemanes rechazarían su plan de atentado. Sin embargo, se negaba a convertirse en un "traidor ante la propia conciencia".

Otto Weidt es un decidido opositor del régimen nazi. Tiene una manufactura de escobas y cepillos. Sus empleados son, casi todos, judíos invidentes. Weidt los protege también a través de sobornos y pasaportes falsos.

El 10 de mayo de 1933, una acción del movimiento estudiantil de toda Alemania culminó con la quema de libros en la "Plaza de la Ópera" (Opernplatz). "El espíritu judío según se manifiesta en todo su desenfreno en la agitación mundial y según se ha reflejado ya en las letras alemanas ha de ser eliminado de ellas", tal fue la "fundamentación".

Bajo Hitler, la cantidad de desempleados descendió de 6 millones en 1932 a 1,6 millones en 1936. La causa no fue un milagro económico, sino, ante todo, el proceso armamentista financiado a través de deudas. El sector agrario, por el contrario, decrecía. Durante los Juegos Olímpicos de 1936 desaparecieron los incitantes lemas contra los judíos: Alemania había de ofrecer una imagen de cosmopolitismo y cordialidad.

EXTERMINO DE LOS JUDÍOS DE EUROPA

La "Solución final a la cuestión judía" fue una meta capital de la política nacional-

Varios miles de campos de concentración y seis campos de exterminio tenían el cometido de asesinar a millones de personas. Seis millones de judíos pierden la vida entre 1933 y 1945 a manos de los nacionalsocialistas.

Desolación, escombros. La guerra iniciada en Berlín retorna a Berlín. 68 000 toneladas de bombas caen sobre la ciudad. Las oleadas de ataques aéreos se llevaban a cabo con una cantidad de hasta mil aviones.

socialista. Cómo habría de realizarse en la práctica la deportación de todos los judíos de Europa hasta su exterminio en el este fue algo que se debatió en la Conferencia de Wannsee, celebrada en una villa el 20 de enero de 1942. Seis millones de judíos fueron asesinados sistemáticamente, de tal modo que cabe hablar de un método industrial: un crimen único en la historia de la humanidad. También hay que mencionar a los tres millones de prisioneros de guerra soviéticos, los tres millones de católicos polacos y los dos millones de trabajadores forzados de Europa del Este que igualmente fueron asesinados. Murieron además socialdemócratas, opositores, homosexuales, sintis y romas.

En el año de 1933 vivían Berlín unos 173 000 judíos. Dos terceras partes pudieron emigrar, la mayoría de las veces llevando consigo tan sólo su propia vida. Como quiera que sea, 55 000 judíos berline-

Redes de camuflaje contra los ataques de los bombarderos sobre la avenida Charlottenburger Chaussee (actualmente Straße des 17. Juni) junto a la Puerta de Brandeburgo, 1941. De este modo habría de confundirse al cuerpo de reconocimiento aéreo de los Aliados.

Hitler envía niños a la guerra. Como parte del último reclutamiento se les instruye en el uso de las armas y se les envía al frente. En la absurda batalla defensiva alrededor de Berlín caen a miles.

ses fueron asesinados mientras que unos 9000 lograron sobrevivir en la clandestinidad o por estar casados con cónyuges no judíos. A partir de septiembre de 1941 debían llevar la estrella de David. Un año más tarde se privó a los judíos de carne, leche y trigo, y tuvieron que entregar las prendas de vestir de lana y pieles. Muchos berlineses "arios" se apoderaron de bienes de judíos. Se hacían cargo de sus clínicas, tiendas, centros comerciales y hoteles. Después de 1945 se hizo difícil demostrar esta injusticia. Pocos se comprometieron. Entre ellos se encontraba Otto Weidt, dueño de un taller de ciegos que el ejército alemán consideró de importan-

cia para la guerra. De este modo, Weidt pudo salvar a judíos invidentes. La resistencia se dio entre los comunistas, los socialdemócratas, los judíos, la Iglesia, los sindicatos, en los países ocupados y, frecuentemente, entre personas decentes en diversas situaciones de la vida cotidiana. La resistencia militar actuó principal-

Completamente bombardeadas. Calles Alexandrinenstraße y Oranienstraße del barrio de Kreuzberg tras el 3 de febrero de 1945, cuando 1000 bombarderos americanos B-17 atacaron en dos oleadas arrojando bombas explosivas e incendiarias.

El Reichstag destruido el 2 de mayo de 1945. El fotógrafo ruso Jewgeni Chaldej montó el tanque y los aviones en la imagen. Hitler se suicida el 30 de abril de 1945 en el Führerbunker.

mente en Berlín. Los autores del atentado del 20 de julio de 1944, aliados del conde Claus von Stauffenberg, se reunían periódicamente en Berlín.

LA GUERRA RETORNA A BERLÍN

Los primeros ataques aéreos contra la capital del Reich tuvieron lugar en 1940. Sin embargo, la Real Fuerza Aérea (Royal Air Force, RAF) disponía inicialmente de pocos aviones. Esto cambió con la batalla aérea sobre Berlín: 19 grandes ataques entre noviembre de 1943 y marzo de 1944. Más de 800 000 berlineses perdieron su vivienda y 7400 murieron. Desde principios de 1945, Berlín fue bombardeada casi diariamente. Los berlineses de mayor edad se acuerdan de ello: la alarma previa, rezar, irse al refugio antiaéreo, las bombas explosivas, las minas aéreas, las bombas incendiarias, la espera. Cese de alarma y la esperanza de no resultar uno mismo bombardeado.

En abril de 1945, los alrededores de Berlín se convirtieron en un campo de batalla. Un millón de soldados, entre los que se contaban muchos ancianos y niños de 14 a

"Los hombres entre los 16 y 70 años de edad han de participar en el ataque, no permanecer en el búnker", dice el letrero. Propaganda que incluye lanzagranadas para el último llamamiento a las armas. Mueren 175 000 hombres de la última leva militar, llamada "Volkssturm" ("Fuerzas de ataque del pueblo").

El Tiergarten desarbolado al final de la guerra. Los árboles fueron talados para calentarse con su madera. En las superficies vacías se plantan coles. La situación de abastecimiento es dramática.

16 años, habían de detener a 80 kilómetros al este de Berlín, en los Aluviales del Oder, a nada menos que 2,5 millones de soldados soviéticos armados con 6000 tanques y 7500 aviones. Pasadas dos semanas terminó todo. La capital del Reich, completamente destruida por las balas, capituló el 2 de mayo de 1945. Los últimos combates costaron nada menos que 250 000 vidas. Entre los muertos hubo al menos 80 000 soviéticos y 100 000 soldados alemanes que, en realidad, eran civiles.

En el Führerbunker, situado detrás de la Wilhelmstraße y señalizado hoy por una placa informativa, Adolf Hitler, su pareja, Eva Braun, y el ministro de propaganda del Reich, Goebbels ("¿Queréis la guerra total?") es-peraban un milagro. Magda Goebbels envenenó a sus seis hijos. Hitler se quejaba de los hombres de la SS y las secretarias que, fuertemente alcoholizados, parecían celebrar el hundimiento de su propio mundo. Hitler se mató de un tiro y fue quemado por los suyos delante de la salida del búnker. Seis días después de la capitulación de Berlín, capitulaba todo el ejército de la Alemania nazi (Wehrmacht) en Karlshorst.

Soldados soviéticos, también ellos prácticamente niños, asaltan con metralletas la estación de metro Frankfurter Allee de Friedrichshain (entonces distrito Horst Wessel), a lo largo de la calle de salida hacia Fráncfort del Óder.

Muro de Berlín

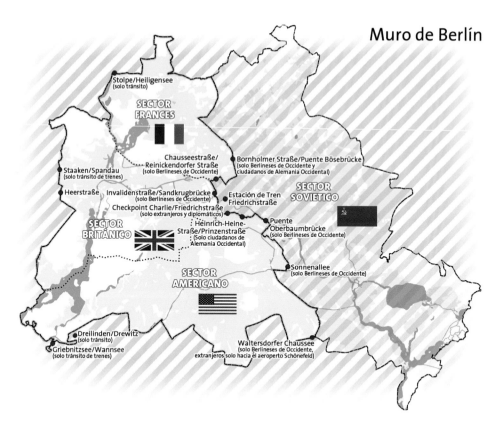

En 1945, Berlín se divide en cuatro sectores correspondientes a EE.UU., Gran Bretaña, Francia y la Unión Soviética. El Muro en torno a Berlín Occidental se levanta en 1961 porque tres millones de personas habían huido ya de la RDA.

De 1945 a 1989 | EL FRENTE MÁS CALIENTE EN LA GUERRA FRÍA: LA CIUDAD DIVIDIDA

"Se ve en las ruinas a seres humanos hurgando, afligidos, aturdidos, temblando, hambrientos, faltos de voluntad, de motivos para vivir y de destino, reducidos a funciones puramente animales como la búsqueda de alimento y refugio para so-

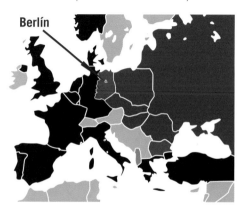

Berlín Occidental es el frente urbano de la Guerra Fría, una isla con tres corredores aéreos en medio de la RDA.

Unter den Linden en 1945. Las vacas pacen en el patio de la Universidad Humboldt, la Ópera (Staatsoper) al fondo.

2 de mayo de 1945. La foto de Jewgeni Chaldej se convierte en un emblema de la historia de la fotografía: simboliza el final de la Segunda Guerra Mundial en la conciencia colectiva. "El estandarte de la victoria" se publica inmediatamente en Moscú.

brevivir un día más". Con estas palabras describía el corresponsal estadounidense, William L. Shirer, los primeros días tras el final de la guerra. Berlín era el campo de ruinas más extenso de Europa. Durante las once semanas anteriores habían huido 200 000 personas. De los 4,3 millones de berlineses, quedaban 2,7 en la ciudad: dos terceras partes eran mujeres y, la mayoría del resto, niños. Durante los días anteriores y posteriores a la capitulación, innumerables berlinesas fueron violadas por soldados del Ejército Rojo.

"Es increíble la rapidez con la que todo se encauza; los ciudadanos retiran las montañas de escombros y en el distrito de Friedenau hay agua de nuevo", escribía en su diario Margret Boveri el 13 de mayo de 1945.

1945. El restaurante Weinstube Lutter & Wegner en el Gendarmenmarkt. Situado en Charlottenstraße, actualmente tiene una apariencia algo diferente. Festejar: algo que ha formado parte de Berlín a lo largo de todos los tiempos.

Un C-54 aterrizando en Tempelhof. La potencia de ocupación soviética había bloqueado las vías de acceso a Berlín Occidental. Durante 15 meses, los 278 000 vuelos del puente aéreo de Berlín se encargan de los suministros para 2,2 millones de personas.

BLOQUEO Y PUENTE AÉREO

Lucky Strike y Pall Mall eran la moneda de cambio más segura en el floreciente mercado negro. En los gélidos inviernos de 1946 a 1947 y de 1947 a 1948 prácticamente sólo existía el trueque. Fue un lunes, el 21 de junio de 1948, cuando se implantó el marco alemán en las zonas de ocupación de Alemania Occidental y, posteriormente, en el oeste del propio Berlín. Los soviéticos procedieron entonces a bloquear las vías de acceso hacia Berlín Occidental. El General Lucius D. Clay, el gobernador militar de los EE.UU., no tardó en reaccionar: en pocos días levantó un puente aéreo a través del cual se abastecía a Berlín Occidental de alimentos y carbón. Se sacaban por vía aérea productos con la marca "Fabricado en la ciudad

A partir del día de la reforma monetaria, los antiguos billetes de cien marcos pierden su valor. Se introduce el marco alemán en las zonas occidentales. La reforma monetaria sirve de pretexto para el bloqueo de Berlín.

El 17 de junio de 1953, las tropas soviéticas sofocan la primera sublevación en el sector este. Los manifestantes atacan los tanques con piedras en la plaza Leipziger Platz. En el oeste, democrático, la economía va mejor.

bloqueada de Berlín". Gail Halvorsen fue el primer piloto que lanzó chocolates y chicles desde el "bombardero de uvas pasas" ("Rosinenbomber").

17 DE JUNIO DE 1953: LEVANTAMIENTO EN BERLÍN ORIENTAL

Fue la primera de muchas sublevaciones en el sector este. En 1956 se sumó Hungría; en 1968, Praga. Siempre rodaban los tanques soviéticos por los "Estados obreros y campesinos", siempre hubo muertos y siempre se responsabilizó de ello a los "agentes occidentales".

Un año antes, en julio de 1952, el Partido Socialista Unificado de la RDA (Sozialistische Einheitspartei Deutschlands, SED) había acordado "forzar el desarrollo del socialismo". Había que trabajar más sin aumento del sueldo. La situación de abastecimiento de la RDA era catastrófica, se disponía de menos alimentos que durante la guerra. La diferencia con respecto al oeste en cuanto al nivel de bienestar era cada vez mayor. En 1952, 180 000 personas huyeron al oeste; en 1953, 331 000. La RDA tuvo que pagar cuantiosas reparaciones a la URSS y gastó mucho en armamento e industria pesada. En las obras de la avenida Stalinallee comenzaron las huelgas.

Manifestantes de la zona este pasan por la Puerta de Brandeburgo hacia el oeste. Desde entonces, esta es la "calle del 17 de Junio" (Straße des 17. Juni). Walter Ulbricht, el hombre fuerte del la SED y de la RDA, es un lugarteniente de Stalin.

Terra incognita: el oeste es blanco. El plano de la ciudad de 1980 publicado por la editorial del Estado Tourist Verlag termina en el Muro. Faltan las líneas de metro. Los planos de Berlín Occidental, en cambio, siempre muestran la ciudad íntegra.

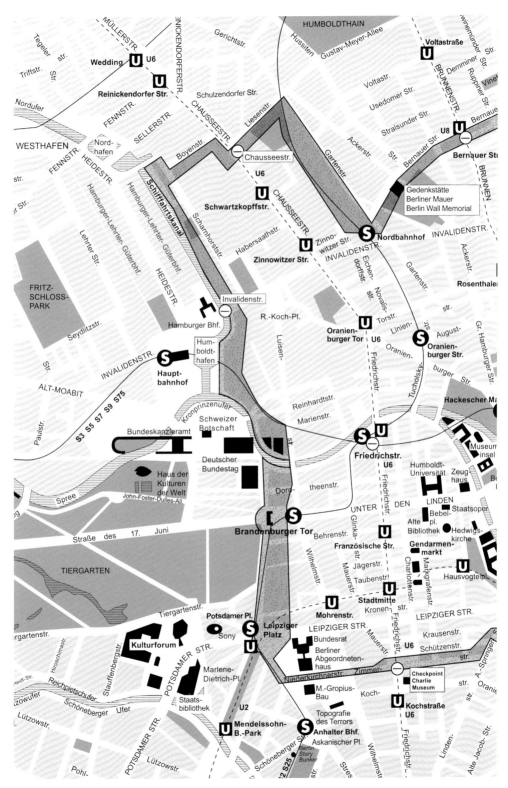

El Muro divide Berlín del 13 de agosto de 1961 al 9 de noviembre de 1989. Durante el tiempo del Muro, la línea de metro U6 se desplazaba por "estaciones fantasmas" bajo Berlín Oriental. El oeste queda amurallado.

Conrad Schumann, el soldado de tropa fronteriza de 19 años de edad salta el 15 de agosto de 1961 hacia el oeste. Peter Leibing fotografía la escena, que también fue filmada. En la Bernauer Straße se puso inicialmente este alambre de espinas.

13 DE AGOSTO DE 1961: LA CONSTRUCCIÓN DEL MURO

La RDA no logró convencer a sus ciudadanos de que el socialismo era superior. Precisamente la juventud, a la que debía conquistarse para el nuevo sistema, no creía tener un futuro en este estado. La mitad de los refugiados no había cumplido aún los 25 años de edad. Desde la fundación de la RDA en 1949 hasta la construcción del Muro en 1961, la sexta parte de los ciudadanos de Alemania Oriental abandonó el país, especialmente los jóvenes, despiertos e interesados en progresar.

La construcción del Muro tuvo lugar por sorpresa una mañana de domingo. Los políticos de Berlín Occidental no sospechaban nada. Se produjeron escenas conmovedoras. 50 000 berlineses de la zona oriental no pudieron regresar a sus puestos de trabajo, que quedaban en la zona occidental. Se vivía

Las familias quedan desgarradas. Durante 28 años, el Muro divide Berlín, e incluso durante 37 años, las zonas fronterizas dividen Alemania Oriental y Alemania Occidental. Cientos de personas perecieron al intentar huir al sector libre del oeste.

El 27 de octubre de 1961 tiene lugar la confrontación en el puesto de control Checkpoint Charlie. Tanques soviéticos rodando por Berlín Mitte (atrás). Los norteamericanos (delante: Kreuzberg, Berlín Occidental) avanzan rápidamente para enfrentarlos.

una atmósfera de temor ante la posibilidad de una tercera guerra mundial, en un momento en el que aún estaban abiertas las heridas de la guerra y Berlín seguía sin reconstruirse.

250 000 ciudadanos de Berlín Occidental exigieron a los EE.UU. intervenir, hacer algo, si bien éstos, por su parte, respetaban el campo de influencia soviética. El vicepresidente Johnson acudió junto con Lucius D. Clay, quien impuso el puente aéreo. Lucius D. Clay se convirtió en un ancla en medio de la adversidad para los berlineses del sector occidental y, como representante personal de John F. Kennedy en Berlín, en garante de la libertad.

EL MURO DURANTE CUATRO GENERACIONES

Desde la construcción de una cerca de alambre de espinos hasta la creación de un muro de 3,60 metros de altura a base

Policías de Berlín Occidental el 31 de octubre de 1961 en el oeste, ante la Puerta de Brandeburgo, tras los alambres de espinos que tendieron los soldados británicos para impedir las protestas precipitadas.

Una familia huye el 17 de agosto de 1961 a través de una ventana de un piso bajo por la calle Bernauer Straße. La casa se encuentra en el este, la acera, por el contrario, en el oeste. Los primeros días muchos consiguen huir.

de piezas de hormigón prefabricadas en forma de ángulo, la RDA necesitó una década y media. Los urbanistas del gobierno de Berlín describían así el hecho: "La gran construcción del Muro de Berlín era una barrera compleja, en constante transformación y cada vez más impenetrable, consistente en una amplia 'franja de la muerte' con innumerables elementos de bloqueo y vigilancia. En lugares expuestos como la plaza Potsdamer Platz, la franja fronteriza que por regla general era de unos setenta metros de ancho, se extendía hasta alcanzar 500 metros. La 'instalación de seguridad fronteriza 90' necesitaba equiparse electrónicamente por medio de sensores, barreras de rayos infrarrojos, dispositi-

La plaza Potsdamer Platz en noviembre de 1975. El Muro tiene 3,60 metros de altura. Siguen las franjas de la muerte, las barreras antitanques y las vallas en el este. Al fondo se distingue la ruina de "Haus Vaterland", un famoso centro de espectáculos y diversión.

El 26 de junio de 1963, John F. Kennedy visita Berlín. A su lado se encuentra Willy Brandt, alcalde en funciones de Berlín, y el Canciller federal Konrad Adenauer. En las calles hay un millón de berlineses.

vos de alarma de vibraciones y señales, así como faros de seguimiento automáticos. En cualquier caso, antes de la materialización de esta 'frontera de alta tecnología', el Estado se derrumbó".

"SOY UN BERLINÉS"

Cuando John F. Kennedy vino en 1963 con motivo del décimo quinto aniversario del bloqueo de Berlín, la división de Alemania parecía ya un hecho consumado. No onstante, fue en ese momento cuando un millón de berlineses pudo oír sus palabras en la plaza del ayuntamiento de Schöneberg: "All free men, wherever they may live, are citizens of Berlin, and, therefore, as a free man, I take pride in the words 'Ich bin ein Berliner'!". Se puso así un freno a las ambiciones de los so-

Berlín lo celebra. "Soy un berlinés": el discurso fue dado desde el balcón del ayuntamiento de Schöneberg. Algunos berlineses pensaban que Kennedy había venido algo tarde, dos años después de levantarse el Muro.

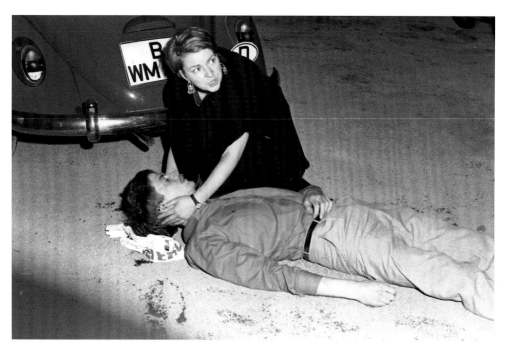

El estudiante Benno Ohnesorg fue asesinado a tiros el 2 de junio de 1967 por el policía Karl-Heinz Kurras en el marco de una manifestación contra el Sha de Persia. Kurras era miembro de la "Stasi". Esto se vino a descubrir en 2009.

viets. Anteriormente, Nikita Jrushchov, recurriendo al ultimátum y a las trabas, había intentado expulsar a las potencias occidentales de Berlín varias veces.

EL MOVIMIENTO ESTUDIANTIL DE 1968

Tan sólo cuatro años después irrumpió una época completamente nueva. Muchos estudiantes de Berlín Occidental criticaron la Guerra de Vietnam de los EE.UU. y rechazaron los sistemas totalitarios de España, Portugal, Grecia y Turquía. Por medio de las leyes de excepción –pensaban– podía reprimirse la oposición en la República Federal. Veían un peligro en Axel Springer y su consorcio con el periódico "Bild".

A las personas mayores, por el contrario, así como a muchos políticos, estas circunstancias les recordaba los tumultos de la

Manifestación en pro de EE.UU. ante el ayuntamiento de Schöneberg. Muchos berlineses y el diario BILD piensan en el puente aéreo, el Muro y Kennedy. Las contradicciones sociales se desahogan en tensiones entre militantes y disturbios.

El 27 de noviembre de 1967, al iniciarse el proceso contra Fritz Teufel, uno de los fundadores de la Comuna, el líder estudiantil Rudi Dutschke intenta asaltar el juzgado. Luego se disparará contra él.

República de Weimar. Deseaban un sistema tranquilo, se sentían satisfechos tanto con el progreso económico como con el estado de la democracia. Dos mundos de ideas aparentemente irreconciliables se encontraban enfrentados.

En Berlín, el 2 de junio de 1967, un policía mató de un tiro al estudiante Benno Ohnesorg, mientras que el Sha de Persia, al cual los manifestantes reprochaban la opresión de su pueblo, disfrutaba de la "Flauta mágica". El policía que disparó el tiro mortal, Karl-Heinz Kurras, era un funcionario activo del Servicio de Seguridad del Estado de Berlín Oriental (Staatssicherheit) y espía a sueldo. Esto no se supo sino hasta el año 2009, mucho después de la caída del Muro y de la jubilación del asesino.

El 11 de abril de 1968, tras el atentado de un ultraderechista contra Rudi Dutschke, unos manifestantes incendiaron los vehículos del consorcio Springer. Se inculpó al editor de haber actuado como agitador.

12 de agosto de 1951. Festival Mundial de la Juventud en Berlín Oriental. Stalin en el Lustgarten ante la Catedral. Asisten 26 000 participantes procedentes de países socialistas y de organizaciones socialistas de países occidentales.

Simultáneamente, los críticos del régimen de Berlín Occidental son deportados a la zona oriental. La RDA desea reforzar su prestigio internacional. Con el paso de los años, en el occidente se presta cada vez menos atención a los eventos celebrados en la RDA.

EL SOCIALISMO: IDEA Y REALIDAD

El movimiento estudiantil tuvo lugar tan sólo en la zona occidental de Berlín. Los disturbios duraron más de un año. Entonces se escindió una pequeña fracción terrorista, la "Fracción del Ejército Rojo" (RAF). Muchos más activistas se convirtieron en hippies, otros comenzaron su trayectoria por las instituciones, se hicieron maestros, catedráticos… O, en su de-

fecto, ministros de asuntos exteriores.

¿Puede construirse una sociedad con entusiasmo y exaltación, con la alegría de crear algo y la esperanza de una vida justa, igualitaria y pacífica? Esta visión ha fracasado en sus diferentes formas: en la RDA, Cuba, Rusia y China. Parece evidente que ha primado la idea del proyecto de vida individual en contraposición a la idea de sociedades colectivas impuestas, en las que se está determinado por fuerzas ajenas.

La RDA padeció bajo su propio socialismo, importado de la Unión Soviética. No fue el pueblo quien, finalizada la Segunda Guerra Mundial, luchó para conseguir un nuevo orden social, sino que la potencia de ocupación, detestada por las violaciones cometidas tan pronto terminó la guerra, impuso las nuevas reglas. También se la detestó por el hecho de que la RDA fuera desangrada económicamente mientras que

1960, Märchenbrunnen ("Fuente de los cuentos") en el Volkspark Friedrichshain. La fuente se restaura y se mantiene durante el periodo de la RDA, a pesar de que procediera de la época imperial (aprobación en 1896, fin de obras en 1913).

Stalinallee. En el lugar donde se recrudeció la batalla en torno a Berlín (pág. 41, abajo) se construyen ahora "palacios de los trabajadores" para la población activa. En estas obras se forma el levantamiento del 17 de junio de 1953 (pág. 45).

los EE.UU. mimaban y alimentaban a Alemania Occidental.

Durante la Segunda Guerra Mundial, la dirección del partido de la RDA tenía su sede en Moscú. El 30 de abril de 1945 se desplazó por vía aérea hacia Alemania e instauró inmediatamente una dictadura de corte soviético.

El resto de los alemanes, los del oeste, podía viajar en verano a Italia, como en su época lo hiciera Goethe. Tenían modernos electrodomésticos, bonitos automóviles: formaban una floreciente sociedad de consumo. Las personas que, por el contrario, vivían en el socialismo, gris e ineficiente, necesitaban una gran

1968. Se construye la torre de televisión en Alexanderplatz, una actuación brillante del arte de la ingeniería. Walter Ulbricht, jefe de la SED, deseaba emplazarla justamente aquí y no en el Volkspark Friedrichshain.

Los Grupos de Combate de la Clase Obrera de la RDA marchan el primero de mayo de 1983 al Alexanderplatz. Formaban parte de estas unidades paramilitares, sobre todo, miembros del Partido Socialista Unificado Alemán, SED (Sozialistische Einheitspartei Deutschlands).

capacidad de persuasión para creer en la superioridad de su sistema. Se suma a ello el hecho de que precisamente fueron los ciudadanos jóvenes, bien formados y productivos, quienes huyeron, quedándose los más apáticos o indiferentes, y aquellos que no querían dejar solas a sus familias.

LOS AÑOS OCHENTA EN EL ESTE Y EL OESTE

Dos décadas tras la construcción del Muro, la gente se amoldó a la situación, tanto en el este como en el oeste. Ambas sociedades se iban distanciando una de otra. En el oeste no se recibían más visitas que las de los jubilados del este. Se enviaban al este menos paquetes de alimentos que antes, ya que también en la RDA se disponía de lo imprescindible en cantidad suficiente. En la dictadura del Partido Socialista Unificado Alemán (SED) imperaba el oportunismo y la sociedad marchaba al mismo paso. En privado podía criticarse

El Reichstag sin cúpula con el popular campo de fútbol. En el edificio puede leerse la leyenda "Al pueblo alemán". Durante los años setenta, ochenta y noventa pueden jugar aquí varios equipos a la vez.

El 12 de junio de 1987, el Presidente de EE.UU. Ronald Reagan habló ante la Puerta de Brandeburgo: "Mr. Gorbachev, open this gate! Mr. Gorbachev, tear down this wall!". Sucedió sólo dos años después.

el sistema: los chistes venían a ser una especie de válvula de escape, como suele ser en todos los sistemas autoritarios y dictatoriales. La oposición, por el contrario, no existía apenas sino bajo la protección de la Iglesia Evangélica.

También en Berlín Occidental se disipó el deseo de reunificación. La República Federal dio impulso a la economía. Quien no quería cumplir con el servicio militar en el ejército de la República Federal se mudaba a Berlín Occidental, que venía a ser una esplendorosa isla en medio de un mar socialista. El Muro se hizo un hecho cotidiano, su aspecto terrorífico quedó mitigado.

Esta imagen, sin embargo, no es del todo correcta. Unos pocos alemanes se mantuvieron aferrados a la idea de la unidad y fueron tachados de revanchistas. Tampoco Ronald Reagan, así como muchos otros norteamericanos, se resignaban a aceptar ni la división del país ni el socialismo en el resto del mundo. Cuan-

21 de octubre de 1989. Günter Schabowski, miembro del politburó y jefe de distrito de la SED en Berlín, se dirige a los manifestantes. Esto no había sucedido nunca anteriormente. La SED tambalea ya considerablemente.

El 4 de noviembre de 1989, cientos de miles de personas se reúnen en Alexanderplatz. Se trata de la mayor manifestación independiente en la historia de la RDA. Procede del pueblo, no del partido.

do se percibieron los primeros signos de apertura política procedentes de la Unión Soviética, cuando en la RDA prácticamente todo dejó de funcionar , decayendo la economía y las ciudades, las fuerzas de la oposición se hicieron escuchar.

LA CAÍDA DEL MURO EN 1989

Los unos ya no podían más y los otros ya no querían más. Fue así como sobrevino una revolución, la revolución pacífica. Desde que Gorbachov subió al poder en la Unión Soviética con sus ideas reformistas, los viejos gobernantes de la RDA quedaron sin el "gran hermano", y también les faltaban ideas propias sobre el modo de proseguir. Pidieron préstamos de miles de millones a Alemania Occidental, lo cual, sin embargo, tampoco ayudó al Ministerio de Seguridad del Estado

El puesto de control fronterizo Checkpoint Charlie el 9 de noviembre de 1989, después de las 23:14 horas. Respecto de la nueva regulación oficial de los viajes, Günter Schabowski había dicho previamente frente a las cámaras de televisión: "Esto se hace vigente, según mis conocimientos… a partir de ahora mismo, inmediatamente".

10 de noviembre de 1989. La periodista italiana Maria Luisa Cocozza informa el 10 de noviembre de 1989 en vivo sobre la caída del Muro. Los alemanes se abrazan con lágrimas en los ojos.

(Ministerium für Staatssicherheit, o simplemente "Stasi"). Ni todas las escuchas habidas ni todo el conocimiento de los hechos abrieron perspectivas. Hecho increíble: en 1989, el Ministerio contaba con 90 000 funcionarios de jornada completa y 180 000 informantes extraoficiales. En verano, Hungría abrió sus fronteras hacia Austria. Miles se fueron de vacaciones y no se volvieron a dejar ver en la RDA, sino que dejaron todo tras de sí. Otros treparon por el muro de la embajada de Alemania Federal en Praga.

La oposición empezó a tomar forma en la RDA. Inicialmente eran unos cuantos centenares de defensores de los derechos civiles, personas de toda condición, en ningún caso un movimiento de masas, pues aún era peligroso criticar el sistema socialista.

En junio de 1989 se sofocaba a tiros en China, en la Plaza de la Puerta de la Paz Celestial, una gran manifestación libre. Durante la revolución pacífica en Berlín, la pregunta estaba en el aire: ¿acometería también a disparos contra el pueblo el régimen del Partido Socialista Unificado Alemán? La vieja plantilla del partido fue substituida tras el cuadragésimo aniversario de la RDA en octubre de 1989. No obstante, el nuevo gobierno no pudo mantenerse a flote. A través de ciertas reformas como, ante todo, la libertad de viajar, se intentaba mantener vivo el sistema.

De modo completamente improvisado, el nuevo portavoz del politburó, Günter Schabowski, anunció el 9 de noviembre de 1989 que el pueblo tenía permitido salir del país "a partir de ahora mismo". En la televisión occidental se comunicó este mismo malentendido la misma noche repetidas veces. En los pasos fronterizos del este al oeste de Berlín se dieron escenas nunca vistas: el pueblo en masa empujaba y presionaba hasta que se levantaron las barreras. Los antiguos dirigentes de la RDA ya se habían ido a la cama. *Ahora se une lo que por naturaleza está unido.*

El Canciller federal Helmut Kohl y el presidente federal Richard von Weizsäcker celebrando la unidad alemana en el Reichstag, al comenzar la mañana del 3 de octubre de 1990.

En 1994 se marchan los Aliados. Los norteamericanos, ingleses y franceses garantizaron la libertad de Berlín Occidental desde 1945. Las tropas soviéticas se marchan por separado. Berlín recupera su soberanía.

De 1989 a 2019 |
BERLÍN ACTUAL

Berlín se hace una fiesta para todos y a partir de entonces no ha habido sino motivos para festejar. En 1994, por ejemplo, tuvo lugar la retirada de los Aliados: estadounidenses, ingleses y franceses. El derecho de ocupación en Berlín había seguido vigente hasta el final: el alcalde en funciones tenía que ir todos los lunes donde el comandante municipal de los EE.UU. para entregarle su informe, no precisamente para tomarse con él un café.

Se reflexiona a fondo sobre el pasado de la RDA, nada ha de barrerse debajo de la alfombra. Se dispone de un organismo federal encargado de la documentación de la "Stasi" y de un comisionado nacional cuya función consiste exclusivamente en aclarar las cuestiones relativas a las injusticias cometidas en la RDA. Muchas

El 15 de enero de 1990, defensores de los derechos civiles y opositores de la RDA asaltan la Central del Ministerio de Seguridad del Estado en Berlín. Estas actas serán decisivas para el proceso de superación de la dictadura de la SED.

El Reichstag completamente envuelto en 1995, el primer gran acontecimiento que une a los berlineses del este y del oeste. Jeanne-Claude y Christo tardan 23 años preparando el proyecto; el Parlamento Fedral (Bundestag) decide sobre la autorización mediante votación nominal.

calles que llevaban nombres de personalidades comunistas son rebautizadas. En este proceso, se imponen los nombres antiguos. La Clara-Zetkin-Straße vuelve a convertirse en Dorotheenstraße.

La primera gran fiesta tanto para el este como para el oeste fue la acción artística de Christo de envolver completamente el edificio del Reichstag. Llevado al culmen artístico, este símbolo del parlamentarismo despertó un sentimiento común de felicidad y paz en millones de personas. Berlín celebraba también la reconstrucción de Potsdamer Platz, ese lugar vacío entre el este y el oeste que despertaba así a una nueva vida.

Todo berlinés comprometido se convertía en un urbanista. ¿Cuál ha de ser la nueva imagen de nuestro Berlín?

¿Ha de permitirse a los contratistas construir grandes edificios en el centro histórico? ¿Se suprimirá la estructura urbana a fin de crear un nuevo Berlín como sucedió tras la Segunda Guerra, tanto en el este como en el oeste? ¿O enlazaremos con nuestro pasado también en nuestra imagen urbana?

La "Love Parade" de 1999. El mayor evento de baile de todo el mundo marca la imagen de Berlín como ciudad de fiestas por muchos años. Se unieron a la fiesta millones de personas, inicialmente en la avenida Kudamm, después en la calle Straße des 17. Juni.

El Campeonato Mundial de Fútbol de 2006 en Berlín. Alemania consigue el tercer puesto, sólo Italia y Francia se han situado delante. Sin embargo, no dejamos de celebrarlo, una fiesta para todos. Eso es algo que en Berlín sabemos hacer a las mil maravillas.

Treinta años tras la caída del Muro llegan multitudes de visitantes: Berlín se ha vuelto muy *in* a nivel mundial. Pero apenas puedan encontrar ya restos del Muro. Comienza un nuevo debate sobre la manera en que se podrían hacer reconocibles las huellas de la fatal división en la estructura urbana.

Los jóvenes no saben ya con precisión dónde se encontraba el este y dónde el oeste. ¿No formaba el acomodado y bello distrito de Prenzlauer Berg parte de la zona occidental? ¿Y acaso los pobres distritos de Neukölln o Wedding no formaban parte de la zona oriental?

También muchas personas del este se afligen porque sienten que su vida en la RDA es una época que no se valora.

Karaoke los domingos en el Mauerpark. La transformación de Berlín: donde estaba la franja de la muerte entre el este y el oeste nace un parque. Miles de personas lo visitan los fines de semana. La foto fue tomada en el año 2010.

Festival of Lights del 2011. Sobre el edificio de entrada del antiguo aeropuerto de Tempelhof se proyectan imágenes del campo de aviación, que los berlineses quieren preservar sin edificaciones.

Berlín no es, sino que siempre está en devenir. Ciudad nunca acabada, siempre dinámica, veloz, dispuesta al cambio. Este es uno de los hilos conductores de su historia, el otro es la tolerancia. Cuando Federico el Grande dijo: "Aquí cada uno ha de ser feliz a su manera" se refería a la libertad religiosa: "Y si vienen los turcos, les construiremos una mezquita." Ahora ya están aquí los turcos, también las mezquitas. Los turcos de la clase media son conscientes de sus capacidades y su rendimiento. Existen problemas de integración con las familias árabes y turcas que no pueden seguirles el ritmo, ajenas a la educación. ¿Los habría presionado el Rey Federico? En cualquier caso, su espíritu persiste en la actualidad: la tolerancia es una característica determinante de la ciudad. El exalcalde que gobernó por catorce años nunca ocultó su homosexualidad; los antiguos comunistas de Berlín Oriental, tras rebautizar su partido, comenzaron a ocupar sus puestos en la Cámara de Diputados, el Parlamento de Berlín, e incluso forman parte del gobierno. Es fácil vivir en Berlín, que resulta económica en comparación con otras metrópolis. Todo esto hace que vengan tantos jóvenes procedentes de todos los países. Para ellos, el amor a la libertad es tan importante como lo es para los berlineses mismos. Traen la energía y la pasión para forjar algo nuevo en Berlín. Con o sin pausa para respirar. Aquí todo el mundo tiene su oportunidad. También los refugiados que comenzaron a llegar desde el 2015 desde Siria y otros países. Muchos berlineses están dispuestos a brindarles toda la ayuda posible.

La East Side Gallery, cerca de la estación Ostbahnhof, en el 2014. El 25 aniversario de la caída del Muro se celebra con la instalación "Frontera de luz", cuyos globos iluminados salen volando con ligereza. El límite se disuelve en el aire.

El Palacio Real de Berlín, como lucirá en el año 2018. Durante la época imperial fue el motivo favorito de las postales; pronto será el edificio más visitado de Berlín. La fachada se financió con donaciones.

TODOS QUIEREN IR A BERLÍN

Al principio, el Gobierno y el Parlamento alemán se mudaron a Berlín. Esto fue una gran suerte. Después llegaron todos aquellos que pretendían influir en la nueva situación. Por último aparecieron las personas a las que les gusta llamar la atención. Este fue el fin de "Pobre, pero sexi", el eslogan a comienzos del nuevo milenio. Berlín se hace cada vez más rica: los impuestos fluyen, sube el precio de las viviendas y la construcción sigue avanzando casi al mismo ritmo.

La euforia llegó en el 2006 con las imágenes de la Copa Mundial de Fútbol. De repente todo el mundo quiso estar en Berlín para poder ser parte de esta contagiosa sensación de entusiasmo y alegría. ¿Se ha rebasado ya el punto máximo del interés por Berlín? ¿Son demasiado exageradas las expectativas?

Difícilmente, pues Berlín es una ciudad con esencia, a nivel histórico, a nivel creativo y, cada vez con mayor fuerza, también en el campo político. Todo lo que sucede en Berlín es relevante para Alemania y para el resto del mundo.

El Palacio en obras, 2015. El Palacio fue el centro señorial durante 500 años. Pronto se convertirá en un complejo que albergará el museo Humboldt Forum, en el que se mostrarán las múltiples relaciones entre Alemania y el mundo.